SUCCESSION

DE

S. M. la Reine ISABELLE

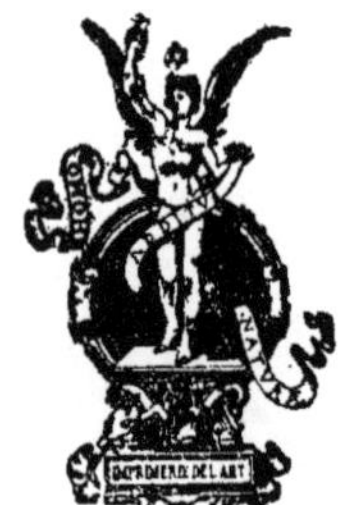

Succession de S. M. la Reine ISABELLE

CATALOGUE

D'UN

IMPORTANT ET RICHE MOBILIER MODERNE

SIÈGES

BRONZES D'ART & D'AMEUBLEMENT

Tableaux Anciens et Modernes

SCULPTURES EN MARBRE

GARNITURES DE CHEMINÉE — PENDULES — LUSTRES

FAIENCES ET PORCELAINES

Beaux Vases en Porcelaine de Sèvres

MONTURES EN BRONZE DORÉ

TAPIS — RIDEAUX — TENTURES

LIVRES MODERNES

BILLARD

Dont la Vente, après décès de S. M. la Reine ISABELLE

AURA LIEU AU PALAIS DE CASTILLE, 19, AVENUE KLÉBER

Les Mercredi 3, Jeudi 4, Vendredi 5 et Samedi 6 Mai 1905

à deux heures

COMMISSAIRES-PRISEURS

Me AUREAU
39, rue des Petites-Écuries

Me GUIDOU
66, avenue de la Grande-Armée

EXPERTS

Pour les Tableaux :
M. JULES FÉRAL
7, rue Saint-Georges

Pour les Meubles et Objets d'art :
MM. PAULME et B. LASQUIN FILS
10, rue Chauchat | 12, rue Laffitte

Pour les Livres :
M. V. GUISLES
3, rue de l'Éperon

CHEZ LESQUELS SE DISTRIBUE LE PRÉSENT CATALOGUE

EXPOSITIONS

PARTICULIÈRE : *Le Lundi 1er Mai 1905.*
PUBLIQUE : *Le Mardi 2 Mai 1905.*
DE 1 HEURE 1/2 A 5 HEURES 1/2

CONDITIONS DE LA VENTE

Elle sera faite au comptant.

Les acquéreurs paieront *dix pour cent* en sus des prix d'adjudication.

L'exposition mettant le public à même de se rendre compte de l'état et de la nature des objets, il ne sera admis aucune réclamation, une fois l'adjudication prononcée.

Paris. — Imp. de l'Art, E. Moreau et Cie, 41, rue de la Victoire.

ORDRE DES VACATIONS

Le Mercredi 3 Mai 1905

Tableaux.	1 à 53
Livres.	344 à 352

Le Jeudi 4 Mai 1905

Faïences et Porcelaines	54 à 101
Bronzes d'art et d'ameublement. 105 à 120 et	135 à 143
Garniture de cheminée, Pendules	144 à 161
Objets divers.	288 à 311

Le Vendredi 5 Mai 1905

Meubles	193 à 287

Le Samedi 6 Mai 1905

Sièges.	162 à 192
Sculptures.	102 à 104
Lustres	121 à 134
Tapis, Rideaux, Tentures.	312 à 343

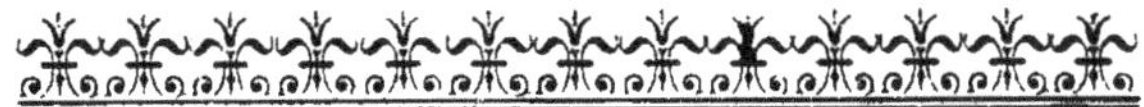

DÉSIGNATION

TABLEAUX

ANCIENS ET MODERNES

ARBOS

1 — *La Vierge et l'Enfant Jésus.*

BAILLEUR (Corneille de)

2 — *Intérieur d'antiquaire.*

Signé à gauche, en toutes lettres.

BERGUE (Tony de)

3 — *Marine; effet de soleil couchant.*

CAMARON Y BONONAT (Don Joseph)

4 — *Santa-Rita.*

CHALOIN (Édouard)

(deux pendants)

5 — *Paysages aux environs de Fontainebleau.*

DE COOL

6 — *La Ménagère.*

DARJOU

7 — *Le Rendez-Vous.*

DOW (Attribué à Gérard)

8 — *La Consultation.*

DYCK (D'après Van)

9 — *Le Christ en croix.*

DYCK (Attribué à Van)

10 — *L'Ange chez Tobie.*

ENGLER

11 — *Paysage avec bergère et animaux.*

FRANCK

(deux pendants)

12 — *Scènes de la vie de saint Pierre et de saint Benoît.*

Peintures sur cuivre.

GISBERT

13 — *François Ier et Léonore d'Autriche.*

GOUNOD (Jean)

14 — *Portrait de Charles Gounod.*

VAN HIER

15 — *Marine en Hollande.*

LAMBERT CHANTON

16 — *Vase de fleurs.*

VAN LOO (D'après Carle)

(deux pendants)

17 — *Portrait d'Isabelle Farnèse.*

18 — *Portrait de Philippe V.*

MAULÉON

19 — *Marine; effet d'orage.*

MEYER VON BREMEN

20 — *Jeune Fille lisant.*

MEYER VON BREMEN

21 — *Grand'Mère et Petit-Fils.*

MIGLIARO

22 — *Scène d'intérieur.*

Gouache, signée à droite.

MOREAU

23 — *A la Fontaine.*

MURATON

24 — *Les Enfants de chœur.*

MURATON

25 — *Un Moine au repos.*

MURATON

26 — *Un Ange.*

MURATON

27 — *La Sainte Face.*

MURILLO (Attribué à)

28 — *Saint Antoine de Padoue.*

MURILLO (Attribué à)

29 — *Saint Gérôme.*

MURILLO (Attribué à)

30 — *Le Christ en croix.*

MURILLO (Attribué à)

31 — *Apparition des anges à Abraham.*

MURILLO (Attribué à)

32 — *La Divine Bergère.*

MURILLO (Attribué à)

33 — *Saint François d'Assise.*

O'CONNOR (J.-A.)

(DEUX PENDANTS)

34 — *Fruits et Gibier.*

Quatre toiles décoratives.

O'CONNOR

(DEUX PENDANTS)

35 — *Vues d'Orient.*

OSTADE (D'après)

36 — *Les Joyeux buveurs.*

Peinture sur porcelaine.

RAPHAEL (D'après)

37 — *La Vierge à la chaise.*

Peinture sur porcelaine.

RIVA-MUNOZ (M.-L. DE LA)

38 — *Corbeille de fleurs.*

ROSSI

39 — *Vue de Venise.*

RUYSCH (RACHEL)

(DEUX PENDANTS)

40 — *Paniers de fleurs.*

SNYDERS (FRANÇOIS)

41 — *Garde-manger : chevreuil, paon, lièvre. perdrix, raisins, grenade.*

Bon tableau décoratif.

VELASQUEZ (D'après)

42 — *L'Infante Marguerite.*

VERNON (PAUL)

43 — *Intérieur de forêt.*

VERNON (PAUL)

44 — *L'Abreuvoir.*

VERNON (PAUL)

45 — *Paysage sous bois.*

VILLAVICENCIA

46 — *La Marchande de crêpes.*

VILLEGAS

47 — *La Chanson au cabaret.*

ZURBARAN (Francesco de)

48 — *L'Immaculée Conception.*

ÉCOLE ALLEMANDE (xvie siècle)

49 — *L'Adoration des bergers.*

ÉCOLE ESPAGNOLE

50 — *La Nativité.*

ÉCOLE FLAMANDE

51 — *La Vierge, l'Enfant Jésus et Trois anges.*

ÉCOLE ITALIENNE

52 — *Le Mariage mystique de sainte Catherine.*

ÉCOLE VÉNITIENNE

53 — *Saint Joachim et sainte Anne.*

FAIENCES ET PORCELAINES

54 — Paire de vases en porcelaine de Sèvres de forme ovoïde, à fond gros bleu et médaillons à sujets tirés de l'ancien testament : Les filles de Laban ; Moïse sauvé des eaux. Monture en bronze doré.

55 — Deux grandes torchères formées chacune d'un grand vase en porcelaine de Sèvres, fond rose, avec médaillons femme, une guirlande de fleurs et rinceaux, monture en bronze doré. Socle en forme de cassolette style Louis XVI, bronze doré.

56 — Paire de lampadaires formés de grandes potiches en porcelaine décorée de dragon portant un bouquet de lumières en bronze. Socles en bois et marbre.

57 — Deux lampadaires en forme de trépieds, bronze patiné et en partie doré.

58 — Deux grands vases en porcelaine décorée, montures en bronze doré. Ils reposent sur des socles en bois noir et marbre blanc.

59 — Deux grands vases en porcelaine décorée de paysages.

60 — Vase-cornet en porcelaine bleue, avec réserves d'amours, monture en bronze doré de style Empire.

61 — Grande potiche, avec son couvercle de forme octogonale, en faïence de Delft, décor chinois en bleu.

62 — Jardinière en porcelaine genre Sèvres, à décor de fleurs, et petite coupe en porcelaine de Sèvres, fond bleu à réserves de fleurs et sujets Vénus et l'Amour.

63 — Grande coupe en porcelaine de Sèvres, de forme ovale, fond bleu avec réserve à médaillon, décor de paysage animé de personnages. Monture en bronze doré.

64 — Cabaret tête-à-tête en porcelaine de Vienne, composé : de deux tasses et leur soucoupe, un sucrier et un plateau, décor fond rouge rehaussé d'or, avec réserves de personnages dans des paysages. Style empire.

65 — Déjeuner tête-à-tête en porcelaine de Frankenthal, composé d'une théière, un pot à lait, un pot à crème, un sucrier, deux tasses avec soucoupes, décor d'oiseaux. Style Louis XV.

66 — Soupière et son couvercle en porcelaine de Frankenthal, décor de personnages, monture en bronze.

67 — Petite fontaine formée d'un vase en porcelaine, gros bleu, avec son couvercle, monture à feuillages en bronze doré, avec fleurettes en porcelaine ; terrasse rocaille en bronze doré supportant deux cygnes en porcelaine blanche.

68 — Deux vases couverts et une jardinière, anses formées de serpents, en porcelaine décorée de sujets de chasse.

68 *bis* — Deux vases en porcelaine, à fond bleu, rehaussée d'or, décorés de médaillons à sujets de paysages.

69 — Deux grands vases en porcelaine, décor d'amours dans des paysages, figurant la Moisson et la Vendange. Montures bronze doré, anses dragons ailés.

70 — Deux vases en porcelaine bleue, monture de style Louis XVI, guirlandes de fleurs, anses col de cygne, en bronze ciselé et doré.

71 — Fontaine et sa cuvette en porcelaine, fond rose, réserves de médaillons à jeux d'amours.

72 — Un vase en faïence bleue; deux jardinières, montures en bambou; jardinière et plateau en faïence.

73 — Six vases et cache-pot en faïence et porcelaine.

74 — Vase en porcelaine, décor de chardons, anses formées de têtes de béliers, en bronze doré. Socle en bois noir.

75 — Deux vases et une coupe en porcelaine fond bleu, décor médaillon avec paysage.

76 — Deux paires de vases en porcelaine, monture en bronze doré, et deux vases avec anses formées de serpents.

77 — Deux bustes : Mac-Mahon et Grévy, en biscuit de Sèvres. Socle bleu.

78 — Bustes de Louis XVI et de Marie-Antoinette, en porcelaine.

79 — Jardinière en faïence, décor, sujet d'après Teniers.

80 — Chien en porcelaine de Copenhague, sur socle en bronze, ciselé et doré.

81 — Vase en grès flambé, monture en bronze doré.

82 — Deux vases brûle-parfum en porcelaine bleue, avec leurs couvercles, montures en bronze doré ; anses mufles de lions.

83 — Deux vases en porcelaine à fleurs bleues en relief, monture en bronze doré. Un vase en biscuit bleu, pied en bronze doré.

84 — Onze statuettes en porcelaine : danseurs, danseuses, joueur de vielle, etc.

85 — Deux bustes de faune et faunesse en terre cuite ; une statuette en plâtre.

86 — Deux plats en faïence, deux assiettes et un plat en porcelaine. Deux jardinières en porcelaine.

87 — Deux lampes en porcelaine verte, monture en bronze : disposées pour le gaz.

88 — Paire de petits vases en porcelaine, sur socle, avec fleurettes en fer.

89 — Vase en biscuit, anses à têtes de béliers dorées.

90 — Vase en porcelaine décorée, monture en bronze doré.

91 — Vase en grès flambé, entouré d'un serpent en bronze doré. Socle en palissandre modern style.

92 — Deux vases, de forme cylindrique, en biscuit, monture en bronze doré, de style Empire.

93 — Sept pièces en porcelaine et biscuit : cygnes formant jardinière, canard en porcelaine de Copenhague, veilleuse, statuettes religieuses, etc.

94 — Dix groupes et statuettes en porcelaine, terre cuite, etc.

95 — Deux magots en porcelaine.

96 — Grande soupière et son couvercle en porcelaine de la Compagnie des Indes.

97 — Coupe en céladon gris craquelé de Chine, monture et anses en bronze ciselé et doré.

98 — Deux vases en porcelaine de Satsuma.

99 — Plat en porcelaine de Satsuma.

100 — Deux lampes en porcelaine de Chine, monture en bronze ; disposées pour le gaz.

101 — Deux lampes en porcelaine, monture en bronze, de style chinois ; disposées pour le gaz.

SCULPTURES

102 — Deux bustes de nègre et de négresse, en marbre noir et blanc. Socles en marbre noir.

103 — Groupe de deux personnages, en marbre blanc, grandeur naturelle. Socle en marbre blanc.

104 — Important groupe en marbre blanc : *Adam et Ève*. Socle en marbre blanc, avec bas-relief représentant le Jardin terrestre.

BRONZES
D'ART ET D'AMEUBLEMENT

LUSTRES

105 — Groupe en bronze, par le *comte de Nieuwerkerke*, représentant Isabelle la Catholique. Socle en bois.

106 — Bronze : Mignon, par *Gaudez*.

107 — Statuette de Diogène, en bronze, par *Marioton*.

108 — Statuette de Henri IV, en bronze argenté.

109 — Statuette équestre de Henri IV, en bronze.

110 — Groupe en bronze : Ballade à la lune.

111 — Deux statuettes en bronze : Beaumarchais et le duc de Nemours, et un buste en bronze de Henri IV.

112 — Deux groupes de deux enfants, supportant une corbeille de fleurs, en bronze. *Édition Susse.*

113 — Surtout de table, en bronze argenté, composé et fourni par *MM. Gombault et Desclers, orfèvres*, comprenant : une grande pièce de milieu, avec coupe en cristal, deux corbeilles moyennes, six grands candélabres, dix-huit pieds à fruits moyens, quatorze pieds à fruits plus grands, huit pieds montés à trois étagères en cristal. (Pourra être divisé.)

114 — Candélabre à deux lumières, avec écran, en bronze doré, de style Louis XV.

115 — Candélabre à deux lumières, avec écran, en bronze ciselé et doré ; sur terrasse rocaille, avec figurine et fleurs en porcelaine.

116 — Flambeau-bouillotte à deux lumières, en bronze ciselé doré, de style Louis XV.

117 — Flambeau-bouillotte à trois lumières, formées de cors de chasse, supportés par trois

amours, en bronze doré, reposant sur un socle en marbre rose, orné d'une torsade de feuilles de chêne, en bronze doré.

118 — Deux paires d'appliques, en bronze doré, ornées de cristaux, à cinq lumières.

119 — Six appliques à neuf lumières, en bronze doré, ornées de cristaux.

120 — Quatre appliques, en bronze doré et cristaux, à neuf lumières.

121 — Grand lustre en bronze, orné de cristaux, environ cinquante lumières, et six lampes.

122 — Grand lustre en cristal de Baccarat, genre Venise.

123 — Grand lustre en bronze, orné de cristaux, à quarante-deux lumières environ.

124 — Lustre en bronze doré, orné de cristaux, à trente lumières environ.

125 — Lustre en bronze doré et cristaux.

126 — Lustre en bronze, patine brune.

127 — Suspension de billard, en bronze ciselé et doré, à deux lampes à gaz.

128 — Lustre à trois lumières, en bronze doré.

129 — Lustre à neuf bougies, en bronze, de style mauresque.

129 *bis* — Trois lampes analogues.

130 — Lustre en bronze, orné de cristaux.

131 — Grand lustre en bronze et cristaux.

132 — Lustre monumental en bronze doré, orné de cristaux.

133 — Lustre de style oriental, à vingt-quatre bougies.

134 — Lustre en bronze et cristaux.

135 — Paire de grands chenets, de style Louis XIII, en fer poli, avec boule fleurdelisée, base à mascarons de femme.

136 — Garniture de foyer, composée de chenets formés de vases, en bronze doré.

137 — Garniture de foyer, porte-pelle et pincettes.

138 — Paire de chenets en bronze, un pare-étincelles, une garniture de foyer et accessoires.

139 — Paire de chenets en cuivre et garniture de foyer avec ses accessoires.

140 — Paire de chenets et garniture de foyer, avec ses ustensiles.

141 — Galerie de foyer en cuivre.

142 — Garniture de foyer, chenets pare-étincelles.

143 — Garde-feu.

GARNITURES DE CHEMINÉES

PENDULES

144 — Pendule religieuse du temps de Louis XIII, en écaille, avec filets de cuivre.

145 — Garniture de cheminée, de style Louis XVI, en bronze ciselé et doré, composé d'une pendule accotée de deux consoles et surmontée d'un vase, et deux candélabres à huit lumières, en forme de cassolettes.

146 — Importante garniture de cheminée, composée : d'une pendule, de style Louis XVI, en marbre blanc et bronze doré, formée d'un vase avec deux figures de femme, en bronze doré, symbolisant la Peinture et la Sculpture ; candélabres forme de vases portés par deux amours.

147 — Garniture de cheminée, composée : d'une pendule en bronze doré, surmontée d'un vase en porcelaine, décoré de médaillons à figures sur fond gros bleu, et deux candélabres en forme de cassolettes, à six lumières, avec vases en porcelaine analogue à la pendule.

148 — Garniture de cheminée, composée : d'une pendule monumentale en marbre blanc et bronze doré, surmontée de deux figures de bacchantes tenant avec des amours, des pampres de raisins, ornementée de vases et de draperies. Socle reposant sur deux lions en bronze doré, et

d'une paire de candélabres formés de vases en marbre blanc, supportés par des amours en bronze.

149 — Garniture de cheminée, composée : d'une pendule-borne et de deux candélabres, de style Louis XVI, en bronze ciselé et doré.

150 — Garniture de cheminée, composée : d'une pendule en marbre onyx, surmontée d'un groupe de deux figures de femmes en bronze doré, deux candélabres forme vase à cinq lumières.

151 — Garniture de cheminée, composée : d'une pendule et de deux lampes à gaz, en bronze cloisonné et doré. Style oriental.

152 — Garniture de cheminée, composée : d'une pendule et de deux candélabres en porcelaine fond rose, monture en bronze doré.

153 — Paire de flambeaux en bronze ciselé et doré, de style Louis XVI, disposés pour le gaz.

154 — Garniture de cheminée en bronze doré, pendule à feuillages, surmontée d'un vase, et deux candélabres à dix lumières.

155 — Garniture de cheminée, composée : d'une pendule et de deux candélabres en porcelaine, fond à médaillons d'enfants, monture bronze doré.

156 — Garniture de fenêtre, deux portières.

157 — Garniture de cheminée, composée : d'une pendule et deux candélabres en bronze, de style mauresque.

158 — Pendule en bronze ciselé et doré, amours et rocailles.

159 — Garniture de cheminée, composée d'une pendule, et de deux candélabres à quatre lumières, en bronze doré.

160 — Garniture de cheminée, composée : d'une pendule et de deux candélabres à deux lumières, de style Louis XV, en bronze doré.

161 — Cartel-médaillon en bronze ciselé et doré. *De la maison Denière.*

SIÈGES

162 — Mobilier de salon, composé de : deux canapés, quatre fauteuils et six chaises de style Louis XIV, marqueterie d'écaille et de cuivre, genre Boulle, recouverts de velours vert.

163 — Mobilier de salon de style Louis XVI, composé de deux canapés, quatre fauteuils, deux chaises, et quatre tabourets en bois sculpté et doré, recouverts de soie jaune brochée.

164 — Mobilier de salon, composé : d'un grand canapé, deux fauteuils et six chaises en chêne, sculpté, recouverts de velours rouge à ramages.

165 — Mobilier de salon en chêne sculpté, ciré et rehaussé de dorure, composé : d'un grand canapé à haut dossier, un grand fauteuil, quatre autres fauteuils plus petits, quatre chaises et deux tabourets en X. Garni en velours rouge.

166 — Ameublement de salon, composé : d'un canapé, deux chaises et un tabouret, bois doré et soie.

167 — Mobilier de salon en bois sculpté et doré, composé : d'un grand canapé, trois plus petits, sept fauteuils et trois chaises, recouverts de velours rouge.

168 — Meuble de salon, composé de : quinze chaises en bois sculpté et en partie doré, recouvertes de velours rouge brodé d'argent. Style Louis XIII.

169 — Dix-huit chaises en bois sculpté et doré, de style Louis XVI, recouvertes de tapisserie d'Aubusson, à fleurs.

170 — Deux fauteuils, bergère, deux chaises chauffeuses recouvertes d'étoffe bleue quadrillée.

171 — Six chaises à dossier en bois sculpté, formé de l'armoirie de la reine, recouvertes en même étoffe que les précédentes.

172 — Grande banquette de billard et deux chaises en bois noir, ornées de bronzes dorés, recouvertes de velours vert.

173 — Deux chaises en bois sculpté, à très haut dossier, recouvertes en velours rouge.

174 — Quatorze escabeaux en bois sculpté, en partie doré, le dossier formant écusson.

175 — Deux grandes banquettes d'antichambre, en bois sculpté, recouvertes de velours rouge.

176 — Deux grands fauteuils capitonnés.

177 — Fauteuil et quatre chaises en chêne sculpté, garnis d'étoffe.

178 — Quatre chaises en bois d'érable, recouvertes de velours.

179 — Vingt-quatre chaises de salle à manger en bois peint et doré, de style mauresque, recouvertes de cuir rouge.

180 — Quatre chaises légères, de style Louis XVI, en bois sculpté et doré.

181 — Trois poufs recouverts d'étoffe.

182 — Deux fauteuils capitonnés, recouverts de satin rouge.

183 — Sept tabourets, de forme ronde ou carrée, recouverts d'étoffe brochée, brodée, ou tapisserie au point. Bois sculpté.

184 — Deux canapés, quatre fauteuils capitonnés, quatre chaises légères, tabouret et écran avec feuille brodée. (Ce lot sera divisé.)

185 — Chaise longue, quatre fauteuils, chaise chauffeuse, pouf, chaise garnie, quatre chaises légères.

186 — Pouf.

187 — Deux chaises légères en bois noir et or, garnies en soie.

188 — Deux fauteuils capitonnés, de même soie.

189 — Chaise-longue capitonnée, de même soie.

190 — Chaise légère, en bois doré.

191 — Chaise chauffeuse.

192 — Fauteuil et chauffeuse.

MEUBLES

193 — Grande vitrine en bois noirci, ouvrant à trois portes vitrées, ornée de bronze doré, de style Louis XIV.

194 — Table-bureau en chêne sculpté, à quatre pieds et croisillons, de style Louis XIV. Dessus de drap vert.

195 — Deux consoles surmontées de glaces, de style Louis XIV, en marqueterie de cuivre et d'écaille, genre Boulle.

196 — Meuble-bibliothèque, à deux corps, de style Louis XIV, en marqueterie de cuivre et d'écaille,

genre Boulle. La partie supérieure s'ouvre à deux portes vitrées, la partie inférieure à deux portes pleines.

197 — Grand meuble d'entre-deux, en bois noir, de style Louis XIV, ouvrant à deux portes, richement orné de bronzes dorés et de plaques de marbre, orné de feuillages et fleurs en pierres dures. Dessus de marbre blanc.

198 — Deux meubles à hauteur d'appui, de style Louis XIV, en marqueterie de cuivre et d'écaille, genre Boulle, ornés de bronzes dorés. Dessus de marbre noir.

199 — Table-console à quatre pieds, en bois noir, de style Louis XIV, ornée de bronzes dorés. Dessus de marbre blanc.

200 — Armoire à glace, de style Louis XIV, en marqueterie de cuivre d'écaille, genre Boulle.

201 — Écran de style Louis XIV, en bois sculpté, feuille en tapisserie au point.

202 — Deux tables de style Louis XIV, en bois sculpté et doré. Dessus de marbre en mosaïque à damier.

203 — Baromètre et un régulateur en bois noir, orné de bronzes dorés, de style Régence, de la *Maison Raingo frères*.

204 — Grand régulateur, de style Louis XV, en bois de placage, orné de bronzes, rocailles ciselés et dorés.

205 — Petite table, bois sculpté, de style Louis XV. Dessus de marbre.

206 — Table de salon, en bois sculpté et doré, de style Régence, à dessus de marbre.

207 — Table-rognon, de style Louis XVI, en marqueterie de bois de placage, avec flambeaux en bronze doré.

208 — Grand dressoir en bois sculpté, peint et doré, de style Louis XVI, avec glace biseautée à la partie supérieure et fronton à armoiries.

209 — Deux tables de salon en bois sculpté et doré, de style Louis XVI, à quatre pieds et croisillons.

210 — Grande console et quatre plus petites de même modèle, en bois sculpté et doré, de style Louis XVI. Dessus de marbre rouge.

211 — Trois consoles en bois sculpté et doré, de style Louis XVI, à quatre pieds et croisillons. Dessus de marbre blanc.

212 — Console de style Louis XVI, en bois sculpté et doré. Dessus de marbre blanc surmonté d'une grande glace. Cadre doré.

213 — Deux petites consoles en bois sculpté et doré, de style Louis XVI, surmontées de vases en porcelaine décorée, avec montures en bronze doré.

214 — Console de style Louis XVI, en bois sculpté et doré, à dessus de marbre.

215 — Table de salon en marqueterie de bois de placage, à quatre pieds et croisillons, de style Louis XVI.

216 — Guéridon en bois d'acajou, orné de bronze, style Louis XVI. Dessus de marbre.

217 — Armoire à glace à colonnes d'angle, en bois sculpté et doré, de style Louis XVI.

218 — Petite table tricoteuse en acajou, de style Louis XVI.

219 — Bibliothèque tournante, de style Louis XVI, en acajou, avec colonnettes et baguettes de cuivre.

220 — Table de style Louis XVI, en bois sculpté laqué blanc.

221 — Écran en bois sculpté et doré, de style Louis XVI, avec feuille en tapisserie d'Aubusson, décor de bouquet de fleurs.

222 — Écran en bois sculpté noir et or, de style Louis XVI, garni d'une feuille en tapisserie au point, amours dans un médaillon entourés de fleurs.

223 — Écran de style Louis XVI, en bois sculpté et doré ; il est garni d'une peinture ancienne à sujet pastoral.

224 — Petite table de forme rognon, en marqueterie de bois de placage, à quatre pieds et croisillon, ornée de bronzes dorés.

225 — Table de salon, de forme triangulaire, à quatre pieds et entre-jambe, en chêne sculpté rehaussé de dorure. Dessus de maroquin.

226 — Bureau en bois sculpté, laqué rouge et or, pieds à griffes de lion.

227 — Table-coiffeuse à dessus mobile se levant par un mécanisme, en bois sculpté et incrusté, à quatre pieds et entre-jambe.

228 — Grande table-toilette en bois sculpté laqué, de style Louis XVI, à huit pieds et entre-jambe. Le dossier ouvre à trois glaces.

229 — Meuble-cabinet ouvrant à deux portes, sur quatre pieds à roulettes, ornées de cuivres découpés. A l'intérieur, placage de bois de rose, orné glace.

230 — Grand meuble-vitrine, de style Louis XVI, formé d'une commode à tiroirs et coins arrondis, surmontée d'une vitrine ouvrant à deux portes en bois noirci, orné de bronzes dorés.

231 — Psyché de style Louis XVI, en bois noirci, orné de bronzes dorés.

232 — Table en bois de placage, à quatre pieds et croisillons, ornée de bronzes dorés.

233 — Deux bibliothèques en chêne naturel et partie dorée, à deux corps, le bas ouvrant à trois portes pleines, le haut ouvrant à trois portes vitrées.

234 — Table-bureau en chêne sculpté en partie doré, à quatre pieds doubles cannelés. Dessus de maroquin vert fleurdelisé.

235 — Ameublement de chambre à coucher, composé de : un lit, une armoire à glace à trois portes, à colonnettes, une toilette surmontée d'une glace dessus de marbre blanc, une table de nuit, une commode dessus de marbre blanc, une table, un écran, le tout en palissandre sculpté.

236 — Mobilier de chambre à coucher, composé : de deux lits, une armoire à glaces à trois portes, une toilette, une commode dessus de marbre, deux tables de nuit, deux bidets, en palissandre.

237 — Bureau-ministre en palissandre, recouvert de maroquin.

238 — Table de salon en marqueterie, ornée de bronzes, à quatre pieds à croisillons, ornés de rangs de perles et d'un vase en bronze doré.

239 — Encoignure, bois de marqueterie, ornée de bronzes dorés. Dessus de marbre rouge.

240 — Chambre à coucher en palissandre, composée : d'un lit et son sommier, d'une armoire, à glaces à trois portes, deux tables de nuit et trois portes.

241 — Table-coiffeuse avec glace.

242 — Guéridon en bronze doré, dessus en mosaïque, avec vues de Venise.

243 — Pupitre à musique en bois sculpté et doré.

244 — Deux meubles chiffonniers à sept tiroirs, de style Louis XVI, en bois noirci. Orné de bronzes dorés.

245 — Grand meuble bibliothèque à deux corps, la partie haute ouvrant à deux portes grillagées, la partie inférieure à tiroirs en laque rouge.

246 — Ecran en broderie.

247 — Deux tables en bronze doré, de style antique, avec dessus de marbre.

248 — Paravent à trois feuilles, avec glaces dans la partie supérieure.

249 — Meuble, formant casier à musique, en bois laqué blanc et doré en partie.

250 — Deux consoles en bois sculpté et doré, dessus de marbre blanc, surmontées de deux can-

délabres en marbre et bronze doré, forme cassolette à trépied.

251 — Quatre bibliothèques à deux corps, en bois sculpté, laqué et doré, partie inférieure ouvrant à quatre portes, le haut à deux portes vitrées.

252 — Bureau-ministre en bois de palissandre.

253 — Grand meuble, à trois portes pleines, en bois de noyer.

254 — Deux meubles d'entre-d'eux en bois de marqueterie, ornés de bronzes; dessus de marbre blanc.

255 — Table de salle à manger de forme ronde, à huit pieds cannelés et dorés. Douze rallonges.

256 — Quatre porte-manteaux. Deux chaises recouvertes de velours rouge.

257 — Deux jardinières de forme carrée et deux de forme rectangulaire en zinc et vannerie.

258 — Deux armoires basses ouvrant à deux portes, en chêne mouluré, avec rehauts de dorure.

259 — Quatre grandes armoires en acajou.

260 — Petite armoire en acajou.

261 — Table à quatre pieds et entrejambe en bois de marqueterie, avec incrustation d'os; sujet mythologique au centre.

262 — Paravent en chêne et en partie doré. Feuille étoffe bleue.

263 — Table-toilette en palissandre, dessus de marbre blanc : surmontée d'une glace.

264 — Table-coiffeuse en palissandre, avec glace mobile ; dessus marbre blanc.

265 — Grande toilette en bois sculpté et marbre blanc, de forme monumentale, de style mauresque : le dessus à colonnettes et trois glaces.

266 — Lavabo à deux cuvettes, en bois de palissandre.

267 — Table-bureau en acajou, de forme ronde, à quatre pieds.

268 — Deux jardinières quart de rond.

269 — Petite table-bureau.

270 — Coffre-fort de la *Maison Fichet*.

271 — Grande armoire-coffre-fort de *Fichet*.

272 — Coffre-fort de *Fichet*.

273 — Deux grandes armoires à robes, en chêne, ouvrant chacune à trois doubles portes et neuf tiroirs dans le bas.

274 — Armoire à glace en palissandre.

275 — Table-bureau à quatre pieds, en chêne ; dessus de cuir.

276 — Grande armoire à habits, en acajou, ouvrant à quatre portes ; quatre tiroirs dans le bas.

277 — Bureau en bois noir, recouvert de drap vert.

278 — Table-étagère en peluche.

279 — Petit coffre à bois, en chêne sculpté, avec rehaut de dorure et garni de brocatelle à fond rouge.

280 — Porte-manteau en chêne.

281 — Porte-manteau.

282 — Coffre à bois, en chêne naturel et en partie doré, recouvert d'étoffe bleue.

283 — Porte-queues en bois noirci, orné de bronzes dorés. Style Louis XIV.

284 — Billard en bois noirci, orné de bronze doré, avec ses accessoires.

285 — Orgue d'*Alexandre*, en palissandre.

285 *bis* — Piano.

OBJETS DIVERS

286 — Glace de style Louis XIII, ornée de bronzes dorés.

287 — Glace de style Louis XIII, ornée de motifs en bronze doré.

288 — Deux armures complètes avec hallebardes.

289 — Deux gaines de style Louis XIV, en marqueterie genre Boulle, ornées de bronzes dorés.

290 — Gaine de forme carrée, en marbre onyx, avec appliques en bronze doré. Elle est surmontée d'un groupe d'amours en composition.

291 — Deux fûts de colonnes en bois sculpté, à cannelures en bois peint et doré.

292 — Service à bière en verre opaque, garniture en argent, ornée de cabochons bleus, composé de trois verres, un broc et un plateau.

293 — Deux porte-bouquets, formés d'enfants, en bois sculpté, tenant un vase en cristal.

294 — Vase en verre bleu de Daum, de Nancy, décor d'iris. Riche monture en argent doré.

295 — Deux aiguières en émail.

296 — Vase porte-bouquet en verre, décor de volubilis, monture en argent.

297 — Vase en grès bleuté, orné de guirlandes de branche de gui en argent.

298 — Deux grands verres avec leur couvercle en verre de Venise et deux porte-bouquets.

299 — Jardinière en verre et porte-bouquet ; monture en bronze, de style oriental.

300 — Trois vases porte-bouquets en cristal et en faïence.

301 — Paire de lampes en porcelaine et bronzes.

302 — Bas-relief en bronze de chez Thiébaut.

303 — Bougeoir en bronze doré, formé d'une statuette de femme, en porcelaine, dans des feuillages en bronze, ornés de fleurettes en porcelaine, le tout reposant sur une terrase rocaille, de style Louis XV.

304 — Huit lampes en onyx, forme vase ; montures en bronze doré, de style Louis XVI.

305 — Coupe jardinière.

306 — Deux lampes en marbre, ornées de bronzes dorés.

307 — Jardinière en terre décorée. Jardinière en marbre et onyx, vase et potiche.

308 — Lampe en bronze ciselé et doré. (Montée à l'huile.)

309 — Grand miroir en verre de Venise.

TAPIS, TENTURES

310 — Garniture de fenêtre, composée de deux rideaux et baldaquin, deux paires de portières, fond rouge et ornements de style Louis XIV.

311 — Tapis en moquette, à fond rouge et pavots.

Long., 10 mètres; larg., 4 m. 50 environ.

312 — Garniture de baie.

313 — Tapis d'Aubusson.

314 — Tapis d'Aubusson.

315 — Trois paires de rideaux en soie rouge brochée.

316 — Tapis en tapisserie d'Aubusson à fond rouge, décor d'attributs : guirlandes de fleurs, rubans, etc.

317 — Trois baies de fenêtres et cinq portières.

318 — Tapis d'escalier en moquette.

319 — Garniture de fenêtres et deux paires de portières.

320 — Garniture de fenêtre.

321 — Cinq garnitures de fenêtres en reps vert avec bande de tapisserie à fleurs, fond vert d'eau.

322 — Grand tapis en moquette à fleurs et rocailles, fond vert d'eau.

323 — Paire de rideaux de fenêtre et deux paires de portières en soie brochée jaune.

324 — Tapis en moquette à fleurs.

325 — Deux paires de portières et trois garnitures de fenêtres en soie quadrillée bleue.

326 — Tapis en moquette à fond rose, à grands ramages.

327 — Deux garnitures de fenêtres et deux paires de portières en soie brochée rose.

328 — Tapis en moquette, guirlandes de roses.

329 — Deux garnitures de fenêtres et deux paires de portières en soie rose brochée.

330 — Tapis moquette à feuillages.

331 — Tapis en moquette, à médaillons de fleurs.

332 — Garniture de fenêtre et deux paires de portières en velours rouge à ramages.

333 — Tapis à fleurs sur fond rouge.

334 — Deux garnitures de fenêtre et deux paires de portières en reps vert.

335 — Tapis vert d'eau à fleurs, ton sur ton.

336 — Deux garnitures de fenêtres et quatre paires de portières en reps vert.

337 — Trois paires de rideaux et une garniture de baie en reps à fleurs.

338 — Un tapis.

339 — Garniture de fenêtre.

340 — Garnitures de fenêtres : rideaux et lambrequins.

341 — Tapis en moquette, à fleurs.

LIVRES

342 — **Audebert**. Histoire naturelle des singes. *Paris*, an VIII. In-f°, veau plein.

343 — **Davillier (Ch.)**. L'Espagne, illustrée de 309 gravures sur bois, par Gustave Doré. *Paris*, *Hachette*, 1884, in-4°, demi-chagrin.

344 — **Gœthe**. Faust, trad. de J. Porchet. *Paris*, *Hachette*, 1878. In-f°, cartonné.

345 — **Lamartine**. Œuvres complètes, *Paris*, 1862. 40 vol. in-8°, demi-chagrin.

346 — Le Tour du monde, de 1884 à 1894. 12 vol. in-4°, demi-chagrin.

347 — Œuvres de Jehan Fouquet. *Paris*, *Curmer*, 1866. 2 vol. gr. in-8°, maroquin dentelle.

348 — **Petit (V.)**. Châteaux de la vallée de la Loire. *Paris*, 1861. 2 vol. in-f°, demi-chagrin.

349 — **Prévost (L'abbé)**. Histoire de Manon Lescaut, préface de Guy de Maupassant, illustrat. de M. Leloir. *Paris*, *Lamette*, 1885. In-4°, maroq. bleu, *Chambolle-Duru*. Exempl. sur Japon.

350 — Sous ce numéro, on vendra environ 600 volumes, livres français et espagnols : l'*Illustration* ; le *Monde illustré* ; *Revue des Deux-Mondes* ; l'*Encyclopédie du XIX*[e] *siècle* ; nombreux romans modernes ; musique et partitions.

www.ingramcontent.com/pod-product-compliance
Ingram Content Group UK Ltd.
Pitfield, Milton Keynes, MK11 3LW, UK
UKHW021316190726
13839UKWH00007B/1881